LE
DANGER DU RACHAT

DES

CHEMINS DE FER

PARIS

DUBUISSON ET Cie, IMPRIMEUR BREVETÉ

5, RUE COQ-HÉRON, 5

1880

LE DANGER DU RACHAT

DES

CHEMINS DE FER

LE
DANGER DU RACHAT

DES

CHEMINS DE FER

PARIS

DUBUISSON ET Cie, IMPRIMEUR BREVETÉ

5, RUE COQ-HÉRON, 5

1880

LE

DANGER DU RACHAT

DES

CHEMINS DE FER

La question des chemins de fer, sur laquelle s'exercent quelques hommes politiques de nouvelle éclosion, est de toutes les questions économiques intéressant la fortune publique la plus importante et la plus grave.

Elle est la plus IMPORTANTE, en ce qu'elle peut, par le bon marché et la facilité des transports, permettre à nos districts manufacturiers de soutenir avec avantage la concurrence sur les marchés de l'intérieur et de l'étranger, et à nos produits agricoles d'arriver rapidement sur les lieux de consommation.

Dans presque toutes les régions de la France, les voies ferrées ont apporté les éléments de nouvelles conditions sociales. Cette transformation a provoqué et développé les goûts de bien-être ; les importations, autrefois insignifiantes, sont devenues considérables ; diverses récoltes, difficilement vendables, en raison de la cherté des transports, sont actuellement enlevées à des prix rémunérateurs.

C'est à cette facilité de transaction créée par les chemins de fer que la fortune publique est redevable de l'habitude, heusement prise par les travailleurs des campagnes, de ne plus laisser s'accumuler improductivement leur épargne monétaire.

Les anciennes maisons de gros, maisons de premier ordre,

établies dans la plupart de nos villes importantes de province éloignées de centres de production et de fabrication, étaient obligées de faire à la fois de grands et de dispendieux approvisionnements pour suffire aux besoins de leur clientèle.

Deux fois par an, au printemps et à l'automne, ces maisons étaient condamnées à de longs voyages aux approvisionnements.

Aujourd'hui, grâce aux chemins de fer, l'acheteur, sur quelque point qu'il se trouve, est presque continuellement en contact avec le producteur ou avec le vendeur.

Les grands approvisionnements, aussi coûteux qu'indispensables, n'ont plus de raison d'être ; les besoins journaliers sont traités par la correspondance journalière. Les grosses opérations demandent à peine quelques jours de déplacement.

Toute trace des anciens errements commerciaux a disparu. Il n'existe plus de crédits à long terme, rien ne pourrait les justifier.

Une maison d'ordre sortable en province ne laisse pas et ne peut pas laisser en suspens des opérations traitées au jour le jour. Il faut qu'elle les régularise dans le plus bref délai. La facilité et la rapidité des transmissions sont, on peut le dire, une partie intégrante de l'actif commercial d'une maison intermédiaire de la province.

Il existe ainsi un contact incessant entre le commerce et les chemins de fer. La porte est toujours ouverte aux arrangements amiables, ce qui est un bénéfice réel pour chacune des parties.

C'est ce contact, ce sont ces relations établies, entrées dans la pratique et les usages quotidiens du commerce et des Compagnies que viendrait troubler le système de rachat et de l'exploitation par l'Etat.

Elle est LA PLUS GRAVE, en ce qu'une fausse manœuvre, comme celle proposée par la commission sur le régime et l'exploitation des chemins de fer, mettrait en désarroi un système connu et apprécié ayant donné la mesure de son utilité à la richesse publique.

La Chambre des députés a nommé une grande commission de trente-trois membres (1) chargée d'étudier la convention passée entre le ministre des travaux publics au nom de l'Etat et la Compagnie du chemin de fer de Paris-Orléans, pour le rachat d'une partie du réseau de cette Compagnie, et de lui soumettre un rapport sur cette convention.

La commission, ne s'inquiétant pas de la convention qu'elle avait reçue mandat d'étudier, l'a mise de côté pour substituer, de son initiative privée, une proposition nouvelle demandant, celle-ci, le rachat intégral de la Compagnie au lieu du rachat partiel.

La commission a si bien compris elle-même qu'elle faisait quelque chose de grave et d'insolite, que pour présenter sa décision au public, elle a jugé qu'un seul rapporteur ne suffisait pas; elle a nommé, contrairement aux habitudes parlementaires, trois rapporteurs: MM. Baïhaut, Lebaudy et Waddington.

M. Baïhaut est chargé de justifier la mesure radicale proposée par la commission et de présenter les voies et moyens pour l'application de la mesure.

M. Lebaudy a pour mission de faire l'historique et l'exposé de divers modes d'exploitation des chemins de fer à l'étranger.

M. Waddington doit faire ressortir le côté défectueux de nos tarifs.

M. Baïhaut, ingénieur très distingué, a mis dans son travail beaucoup de passion et de parti pris. Il parait n'avoir qu'un objectif: la disparition de la Compagnie du chemin de fer d'Orléans.

Il prend ses principaux griefs dans les vieux clichés des tarifs surchargés et différentiels en y ajoutant le détournement de

---

(1) Cette commission est composée de MM. Lebaudy, *président*; Allain-Targé, *vice-président*; de La Porte, Hérault, Baïhaut, *secrétaires*; Bienvenu, Tassin, Cantagrel, Latrade, Rouvier, Labuze. Peulevey, Devès, Trarieux, Papon, Ribot, Waddington, Récipon, Ménard-Dorian, Loustalot, Buyat, Jean David, Audiffret, Maunoury, Mercier, Bosc, Chavoix, Le Faure, Jenty, Dréo, Mir.

trafic au préjudice des petites Compagnies avoisinant la ligne d'Orléans ; selon toutes probabilités M. Baïhaut n'était pas au courant de la situation réelle des lignes secondaires, les unes d'intérêt général, les autres d'intérêt local, telles qu'elles existaient avant le rachat fait par l'Etat.

Le parcours kilométrique à travers les nouvelles lignes était quelquefois moins considérable, cela est vrai ; mais les marchandises confiées au départ à la Compagnie d'Orléans la rendaient responsable des erreurs commises, des retards, des manquants ou de la perte des colis ; elle aurait été condamnée vis-à-vis de son expéditeur ou du destinataire, avec recours, il est vrai, contre la Compagnie défaillante, mais cela aurait entraîné des lenteurs dans le règlement des affaires.

Ces croisements d'intérêts entre la Compagnie d'Orléans et les lignes secondaires, ne pouvant être réglés que par l'intervention judiciaire, étaient un obstacle aux transactions journalières pratiquées entre les clients et les Compagnies, transactions très usitées et profitables à tout le monde, en ce qu'avec des sacrifices relativement minimes, chacun ne s'inquiétant plus du passé, reprend sa liberté d'allure pour les nouvelles transactions.

Pour l'industriel, le commerçant et tous les expéditeurs ou destinataires, gagner un procès contre une Compagnie de chemins de fer dans les affaires ordinaires, en subissant les préoccupations et les dérangements qui en sont la conséquence, c'est en réalité le perdre ; une transaction amiable et immédiate est toujours la solution la plus avantageuse.

On commence à être de l'avis des Anglais lorsqu'ils déclarent que le temps est de l'argent : *Times is money.*

La Compagnie d'Orléans, ne pouvant rien terminer, s'il survenait des difficultés, sans le concours des administrations des lignes secondaires, croyait les éviter en faisant suivre sur ses lignes les marchandises qui lui étaient confiées, ce dont n'avait pas à se plaindre sa clientèle, puisque le débours n'était pas plus élevé, et souvent même inférieur au débours réclamé par les lignes secondaires.

La Compagnie d'Orléans usait d'un droit incontestable et remplissait strictement son devoir envers sa clientèle en dirigeant son trafic, autant qu'elle le pouvait, sur ses propres lignes et sur celles où elle trouvait la sécurité et l'exactitude dans les transmissions des transports, plutôt que de le confier à des entreprises d'une organisation défectueuse.

La question du détournement partiel des marchandises s'impose souvent aux Compagnies, même sur leur propre réseau.

La Compagnie des chemins de fer de Lyon effectue la plus grande partie du transport des vins et des marchandises pondéreuses, de Cette et d'autres lieux de production à Paris.

En pratiquant le système préconisé par M. Baïhaut, la Compagnie de Lyon, propriétaire de deux lignes pour arriver de Nîmes à Paris : celle du Bourdonnais par Alais, celle de la Bourgogne par Dijon et Lyon, ne devrait utiliser que la première, d'un trajet moins long que la seconde. Elle fait cependant tout le contraire, parce que le chemin de la Bourgogne a des rampes faciles, des courbes à grands rayonnements, ce qui rend le trajet aussi rapide, plus sûr et plus économique.

Nous avons pris l'exemple de ce détournement de trafic sur le chemin de fer de Lyon, parce qu'il est saisissant et que les six grandes Compagnies ont chacune d'elles l'équivalent avec des parcours de moindres longueurs.

Il ne faut pas, d'ailleurs, cesser de le dire : faciliter l'activité des transactions par le bon marché des tarifs et par la rapidité des transmissions est préférable à toutes les récriminations inopportunes et injustes.

Dans le préambule de son rapport, M. Baïhaut déclare que les six grandes Compagnies des chemins de fer français ont admis des tarifs différentiels plus favorables aux importations étrangères qu'à nos expéditions de l'intérieur.

Cette assertion, démentie par les grandes Compagnies, a été victorieusement réfutée, le 27 mars dernier, par Paris-Orléans, à la dernière assemblée générale de ses actionnaires, ainsi que le constate le paragraphe relatif à cette affaire spéciale des tarifs différentiels.

Nous copions textuellement ce paragraphe :

« Interrogés par M. le ministre des travaux publics, nous » n'avons pas hésité à lui répondre, d'accord avec cinq autres » grandes Compagnies, que nous étions prêts à modifier ceux » de nos tarifs qui, contre notre pensée et notre volonté, » priveraient les producteurs nationaux des avantages que » peut leur assurer le système douanier institué par les pou- » voirs publics.

» La Compagnie (avons-nous dit dans notre lettre du 16 » décembre dernier), n'a jamais eu la pensée d'annuler ou » d'amoindrir par ses tarifs l'effet des lois de douane. Elle » ne croit pas qu'aucun de ses tarifs puisse exercer cette » action. S'il était reconnu qu'un tarif proposé par elle, ou » déjà en application sur son réseau, fût de nature, par l'infé- » riorité de ses prix sur ceux des autres voies de transport, à » porter un trouble quelconque dans le régime douanier du » pays, la Compagnie s'empresserait de le modifier, d'accord » avec le gouvernement, de manière que cet effet ne pût pas » se produire. »

» Nous devions vous donner, messieurs, ces explications, » pour vous montrer que, conformant notre conduite à l'esprit » qui a toujours guidé vos résolutions, nous ne mettions pas » vos intérêts au-dessus de notre devoir envers l'Industrie » nationale. »

Ainsi s'évanouissent les unes après les autres les accusations de M. Baïhaut contre les grandes Compagnies en général et contre l'Orléans en particulier.

N'eût-il pas été préférable que l'honorable rapporteur exerçât sa critique sur les Compagnies secondaires ? il aurait peut-être constaté avec nous qu'une portion assez importante des

nouveaux réseaux, les uns d'intérêt général, les autres d'intérêt local, ne pouvait vivre, avant le rachat de l'Etat, d'une
existence régulière que par un remaniement complet.

Les Compagnies secondaires n'avaient pas le droit de se
plaindre, car sauf une ou deux exceptions, leurs lignes n'étaient
que des tronçons où le départ, le parcours et l'arrivée ne pouvaient espérer un trafic suffisant pour payer l'intérêt des
actions et des obligations, qu'en réclamant le dévouement pla-
tonique et dangereux des grandes lignes aussi bien que des
petits tronçons voisins.

Comment pouvaient-elles espérer vivre de l'existence
réelle et commerciale, venir en aide aux producteurs et aux
consommateurs, chercher des combinaisons favorables aux
progrès et au meilleur marché des tarifs, puisque, à toute
heure, à toute minute, elles étaient dans la nécessité de recou-
rir aux moyens les plus coûteux et les plus onéreux pour pro-
longer leur existence menacée?

Il n'est pas un appel de fonds fait par ces Sociétés au public,
qui ne porte l'empreinte de l'incapacité administrative et du
discrédit qui pesait sur elles.

Les grandes Compagnies savaient et savent par expérience
que les difficultés d'établissement de matériel fixe et de matériel roulant ne peuvent être tournées qu'à l'aide de capitaux
à bon marché, qu'elles se procurent, grâce à leur bonne et
solide organisation, à leur immense crédit, et qui leur permet-
tent d'attendre le moment favorable pour émettre sans bruit,
et sans frais, leurs obligations.

Quelle confiance pouvaient-elles avoir dans les chemins
nouveaux d'intérêt général et d'intérêt local, tous ou presque
tous se combinant avec des lignes transversales dont la construction avait coûté un prix d'autant plus élevé que les capitaux
étaient plus chèrement achetés : toutes les Compagnies ont
perdu de l'argent avec les chemins de fer secondaires à raison
du trafic commun.

Il n'y avait donc de possible que ce qui a été fait non

seulement par la Compagnie d'Orléans, mais par toutes les grandes Compagnies : prendre une attitude défensive et expec-tante.

Si les petits réseaux avaient voulu être comptés pour quelque chose dans les arrangements généraux, ils auraient dû se grouper ensemble, faire un SYNDICAT puisque le mot est consacré, établir solidement la base de leur organisation, se présenter à chacune des grandes Compagnies qui les avoisinaient et leur proposer des arrangements de tarifs et de trafics acceptables. S'ils n'avaient pas été écoutés, ils pouvaient demander l'intervention de l'Etat et du Parlement.

Mais l'accord des petits réseaux entre eux n'était pas possible, leur existence précaire ne pouvait aller plus loin. Le naufrage a été complet, et malgré les sommes exagérées, affectées par l'Etat au rachat de ces Compagnies, pas un sol n'arrivera aux actionnaires, et les créanciers ordinaires ou obligataires ne seront pas intégralement remboursés.

Il faut donc faire disparaître, des griefs allégués par M. Baïhaut, les détournements de trafics et les tarifs différentiels.

Il faut les faire disparaître parce que les diverses concessions obtenues avaient été mal et chèrement construites, que, placées dans beaucoup de régions isolées, elles ne pouvaient espérer de trafic rémunérateur qu'à des échéances éloignées.

Un journal politique quotidien, qui tire son importance de la haute personnalité qui l'inspire, a prétendu, ces temps derniers, que les grandes Compagnies de chemins de fer, après s'être fait défendre en une prose ennuyeuse et illisible par les journaux de toute opinion, avaient tenté, avec succès restreint, d'entraîner les conseils généraux contre le rachat des grandes Compagnies et l'exploitation de l'Etat; d'après ce journal, les chambres de commerce, en assez grand nombre d'ailleurs, avaient émis des votes favorables aux grandes Compagnies, parce que les membres, négociants et industriels dont elles sont composées, ont avec elles des relations de plus d'une nature. Ainsi, toujours d'après ce journal, les votes des chambres de commerce, nombreux, logiques et fortement motivés, n'auraient d'autres valeurs que celle d'un certificat banal de moralité et d'aptitude.

Dans ce premier article, en dehors des aménités de plume libéralement adressées aux élus du suffrage universel, conseillers généraux et représentants immédiats des négociants et des industriels faisant partie des chambres de commerce, accusés tout simplement d'incapacité et d'ineptie, ce journal ne trouve qu'un seul argument : l'expérience de l'exploitation des chemins rachetés par l'Etat.

Cette expérience, dont il fait grand bruit, ne donne pour l'exercice courant comparé à celui de l'année précédente, qu'une plus-value de 7.25 0/0, tandis que les plus-values des grandes Compagnies afférentes aux nouveaux réseaux sont de beaucoup supérieures.

L'administration des chemins de fer de l'Etat vient de faire annoncer par les journaux qu'elle délivre des billets d'aller et retour avec réduction de 40 0/0 sur les prix des billets simples pour les distances de 50 kilomètres et au-dessous et de 25 0/0 pour les distances au-dessus de 50 kilomètres.

L'administration de l'Etat avait été devancée dans cette initiative par les six grandes Compagnies ; en réalité, elle n'a fait que suivre leur exemple.

Des travaux préparatoires à la modification des tarifs sont préparés, et les Compagnies se sont mises à la disposition de M. le ministre des travaux publics, sans l'autorisation duquel rien n'est possible pour elles.

M. Baïhaut conclut sans transition et sans ménagement au rachat total de l'Orléans ; la possibilité d'arrangements à intervenir pour les tarifs n'existe pas pour lui. Il taille en plein drap, il semble croire que par le rachat intégral de l'Orléans, les petits réseaux, les tronçons des anciennes Compagnies rachetés par l'Etat verront la fin de leurs mauvais jours.

Il faudrait cependant se rendre compte que le rachat total de l'Orléans, s'il était possible et désirable, ne ferait pas que les lignes transversales, devenues la propriété de l'Etat, eussent de longtemps un trafic capable de rémunérer, si modestement que ce fût, les capitaux déjà employés et ceux que réclamera l'avenir.

En admettant, ce qui n'est ni possible ni probable, que le Parlement demandât à M. le ministre des travaux publics, conformément aux vœux de la commission, un projet de loi pour le rachat intégral et l'exploitation des lignes de la Compagnie d'Orléans, les actionnaires de cette Société auraient grand tort de croire à un revenu annuel ou de 50 fr. ou de 56 fr. pour chacun de leur titre.

En prenant la décision du rachat intégral de l'Orléans et successivement de toutes les autres lignes, le Parlement poursuivrait ou un but politique, celui d'écarter ses adversaires des fonctions salariées par l'Etat, ou un but économique, celui de venir en aide aux budgets des recettes par les produits des exploitations des grandes Compagnies.

Il n'entrerait jamais dans son plan de favoriser aux dépens du Trésor les porteurs de titres de grandes Compagnies.

C'est avec les chiffres encaissés pendant les sept dernières années, et suivant les prescriptions de l'article 37 du cahier des charges, annexé à la convention du 11 avril 1857, que serait établi le revenu net à payer annuellement par l'Etat à la Compagnie d'Orléans.

Les actionnaires auraient grand tort de croire que le règlement de la situation au moment du rachat serait aussi facile qu'on paraît vouloir le laisser espérer, et que l'Etat ne rechercherait pas tous les allégements de sa dette.

Il n'y aurait rien d'impossible à ce que l'Etat, pour imposer un dividende moindre à chaque action, ne fît miroiter la conversion de la rente 5 0/0.

Quant aux cours des actions inscrits et payés à la Bourse, l'Etat n'en tiendra aucun compte, pas plus qu'il ne tiendra compte, pour la convertir, des prix de la rente 5 0/0 cotée 120 francs lorsqu'elle a été émise à 82.

On connaît le point de départ de ces opérations ; il est impossible de prévoir où s'arrêteraient les déconvenues du commerce, de l'industrie, de l'agriculture et des actionnaires qui n'ont pas craint, à l'origine, de donner leur épargne pour venir en aide à la construction des lignes ferrées, dont l'utilité était alors cependant contestée par les hommes les plus importants.

Ajoutons que l'Etat pourrait dire aux actionnaires que, prenant à sa charge et à ses périls et risques le revenu net à payer, il les assimilerait aux obligataires, ce qui capitaliserait, suivant le point de départ du pair, à un chiffre inconnu, l'action à 2 1/2 0/0, 3 0/0 ou 3 1/2 0/0, et mettrait bien loin le chiffre de 56 fr., de 50 fr. et de 45 fr. même, de dividende prévu ou attendu.

Admettons par hypothèse que les conclusions du rapport de M. Baïhaut, si préjudiciables aux intérêts du commerce, de l'industrie et de l'agriculture, ont été adoptées par le Parlement : l'Etat devient propriétaire du réseau intégral de l'Orléans. Qu'en fera-t-il ?

L'exploitera-t-il lui-même comme il le fait pour les divers tronçons dont il s'est rendu adjudicataire ?

Les affermera-t-il, au contraire, à une Société, après lui avoir imposé un cahier des charges aussi strictement favorable que possible aux producteurs et aux consommateurs ?

Il ne doit pas être admissible que l'Etat devienne jamais partie active dans les exploitations d'intérêt général, et qu'il sorte de son rôle de juge pondérateur.

Mais si, contre toutes prévisions, pareille aberration était consacrée, les autres chambres de commerce suivraient l'exemple donné par celles de nos plus grandes cités ; elles entraîneraient avec elles les conseils généraux, les conseils d'arrondissement, les municipalités, tant tout le monde est convaincu que les difficultés actuelles, lorsqu'elles surviennent avec les

Compagnies, seraient décuplées et centuplées avec l'Etat ou avec une Compagnie fermière, qui, elle, pour s'exonérer, aurait des exigences intolérables et ferait toujours remonter à son bailleur les ennuis causés au public.

Les transactions amiables journalières sur les difficultés entre les Compagnies et leur clientèle n'existeraient plus.

Tout ou presque tout se dénouerait fatalement devant les tribunaux, ce qui ferait la fortune des gens d'affaires, et pas du tout celle du commerce, de l'industrie et de l'agriculture, à moins que la loi ne fixât, comme pour la poste, les indemnités pour pertes et avaries à des chiffres dérisoires.

Ce n'est certainement pas ce que prévoit M. Baïhaut. Son excuse est qu'homme scientifique il n'a probablement jamais été mêlé à la pratique et à la trituration des affaires.

Mais, quoi qu'on en ait dit, les conseils généraux et les chambres de commerce, justement émus par la menace du rachat intégral par l'Etat, ont fait autre chose que de signer des certificats de moralité et d'aptitude.

A quelque parti politique qu'ils appartiennent, les membres des conseils généraux et des chambres de commerce redoutent par-dessus tout l'intervention de la politique dans les affaires de chemins de fer.

Les améliorations, les agencements plus faciles et plus favorables sont désirés sans doute, mais les innovations radicales effrayent les moins timides.

M. Lebaudy, président de la commission, s'est chargé de faire l'exposé de l'organisation et de l'exploitation des lignes ferrées en Europe et en Angleterre.

Il fait revivre dans un court prolégomène une partie des arguments de son collègue, M. Baïhaut ; il le fait avec assez de brièveté ; en réalité, il n'emploie que des formules.

Son principal grief contre les grandes Compagnies est basé sur le retard apporté par elles à l'exécution de leurs engagements pour terminer les travaux sur les concessions définitives ; et pour justifier la sévérité de la commission, il donne le tableau des dates d'ouvertures fixées par le cahier des charges et des dates d'ouvertures prévues par les Compagnies, en mettant en regard de chaque ligne concédée le retard apporté par chacune des Compagnies concessionnaires.

Ce tableau, dont nous n'avons pas aujourd'hui à discuter les dates, vaut ce qu'il vaut ; cependant il ne faut pas perdre de vue que les travaux de la commission dont M. Lebaudy est le président et l'un des trois rapporteurs, ont pour objectif de créer à la Compagnie du chemin de fer d'Orléans tous les torts prévus et même imprévus, de substituer, en essayant de le justifier, le rachat intégral de la Compagnie d'Orléans au rachat partiel proposé par M. le ministre des travaux publics.

Il serait permis de croire, d'après cela, que dans ce tableau des contrats inexécutés, la Compagnie d'Orléans est, de toutes, la plus perverse et la plus indisciplinée. Elle est, au contraire, la seule non inscrite sur ce tableau, ce qui, en bon français, veut dire QU'ELLE A FIDÈLEMENT ET RIGOUREUSEMENT TENU SES ENGAGEMENTS.

Après cette première passe d'armes qui tourne à l'avantage de l'Orléans, M. Lebaudy fait connaître le régime légal des chemins de fer de l'Angleterre, et, jusqu'en 1878, leur longueur kilométrique, 27,889 kilomètres ; la moyenne de leur prix de revient, 580,869 francs par kilomètre ; leurs frais d'exploitation, 53 0/0.

En Angleterre, tout est laissé à la puissante initiative des intérêts privés ; avec ce système, dont nos voisins ne se sont jamais départis, ils ont traversé les époques les plus critiques.

Du reste, le produit des chemins de fer anglais, assez peu rémunérateur il y a quelques années, donne aujourd'hui, grâce à la liberté de l'initiative privée, des résultats satisfaisants.

M. le rapporteur passe rapidement sur l'organisation des chemins de fer anglais ; on sait pourquoi : elle est beaucoup trop défavorable aux erreurs économiques de la commission.

Les chemins de fer de la Belgique donnent lieu, dans le rapport de M. Lebaudy, à des   un peu trop longues pour un réseau général de 2,247 kilomètres. Quelques-unes de ces explications sont quelquefois contradictoires ; mais la commission ayant trouvé dans les actes du gouvernement belge un point de repère, qu'elle croit favorable, elle a écouté avec bienveillance ce qui semblait venir en aide à ses désirs.

Sous le couvert de l'amélioration des tarifs et des prix payés par les voyageurs, le Parlement belge avait voté les fonds nécessaires aux divers rachats des Compagnies particulières de chemins de fer.

Les améliorations promises à l'origine ont été plus tard légèrement altérées, et pour peu que le budget des dépenses tende à grossir et celui des recettes à diminuer, le gouvernement, seul maître de sa décision, complétera ce qu'il a commencé, en élevant encore les tarifs. Il ne le permettrait pas certainement à une Compagnie concessionnaire.

A côté de ce danger des tarifs à la disposition du gouvernement, les frais d'exploitation exigent 56 0/0, tandis que l'Orléans ne dépense comme frais d'exploitation que 32,21 0/0 à l'ancien réseau et 54,99 0/0 au nouveau.

Malgré son peu d'étendue, le réseau belge est loin d'être un encouragement au rachat des chemins de fer par l'Etat.

L'exploitation des chemins de fer hollandais est soumise à deux régimes.

Les premières Compagnies concessionnaires se trouvent à peu de chose près placées dans les conditions de nos grandes Compagnies françaises. Le gouvernement hollandais se réserve le droit d'un contrôle général, avec faculté d'abaisser les tarifs, à la charge par lui d'indemniser la Compagnie du préjudice que lui causerait cet abaissement ; l'Etat ne devant aucune indemnité si les bénéfices de la Compagnie dépassent 8 0/0 du capital engagé. Il paraît, toutefois, que l'Etat n'a jamais usé de ce droit.

Le premier réseau avait trouvé facilement les capitaux nécessaires à sa construction ; ses points d'attaches, la fertilité des pays parcourus, l'activité des transactions, qui en était la conséquence, avaient fait prévoir avec raison des résultats fructueux.

Les nouvelles lignes à concéder et à construire, réclamées avec persistance par les provinces, ne trouvèrent pas preneurs ; elles étaient considérées comme devant produire des rendements kilométriques de beaucoup inférieurs aux exigences du service des intérêts et de l'amortissement des sommes nécessaires à la construction de ce réseau de 900 kilomètres, autorisé par une loi du 18 août 1860 ; ce nouveau réseau construit par l'Etat fut, aux termes de la loi de 1863, confié pour l'exploitation à une Société fermière.

Ce contrat de fermage, où l'Etat avait dû subir les grandes exigences de la Compagnie fermière, est indiqué, avec beaucoup de clarté, dans le rapport de M. Lebaudy.

Les résultats de l'exploitation entreprise dans ces conditions ne furent pas favorables. De 1863 à 1876, la Société d'exploitation n'avait servi à ses actionnaires qu'un intérêt moyen de moins de 3 0/0, et en 1875 elle avait été contrainte de ne distribuer aucun dividende.

En 1876, la convention de 1863 fut remaniée. Ce remaniement eut pour but de modifier les règles établies par l'attribution des recettes. L'Etat renonçait à la libre disposition des tarifs et reconnaissait à la Société le droit de modifier ses taxes dans la limite d'un maximum. Les tarifs spéciaux, cependant, restaient subordonnés à l'approbation du gouvernement.

Ces nouveaux arrangements ont amélioré la situation de la Société fermière et le dividende de ses actionnaires ; mais ce dividende ne doit guère s'élever au-dessus de 5 0/0, puisque, s'il dépasse 5 0/0, le bénéfice au-dessus de 5 0/0 est attribué pour les 4/5 à l'Etat. Il en résulte que la Société n'est intéressée à développer son trafic que dans la mesure nécessaire pour assurer à ses actionnaires un dividende de 5 1/4 0/0.

Il eût été préférable, pour le gouvernement hollandais, d'abandonner en grande partie les sommes déboursées à la construction de ces voies ferrées, en laissant à la Société, non pas fermière mais acquéreur de la ligne, le soin d'en organiser l'exploitation à ses risques et périls.

La perte subie à la vente de ce réseau aurait été plus que compensée par l'accroissement du trafic et des revenus indirects qui en auraient été la conséquence.

M. Lebaudy reconnaît lui-même qu'en résumé ce mode d'exploitation lui paraît, tout en étant onéreux pour l'État, ne pas donner aux intérêts publics, que les chemins de fer doivent servir, toutes les satisfactions nécessaires.

L'organisation des chemins de fer allemands, telle qu'elle existe encore, peut se résumer par le questionnaire du grand chancelier d'Allemagne.

Ce questionnaire contient quatre systèmes d'exploitation des chemins de fer :

1° Exploitation par des Compagnies privées qui ont la propriété ou la possession du chemin de fer ;

2° Exploitation par des Compagnies fermières, la propriété du chemin appartenant à l'Etat ;

3° Exploitation par l'Etat du chemin de fer appartenant à des particuliers ;

4° Exploitation par l'Etat propriétaire du chemin.

Il va sans dire que la préférence du grand chancelier est pour le système de l'exploitation par l'Etat-propriétaire.

Ce n'est pas dans le système gouvernemental du grand chancelier autoritaire de l'Allemagne que pourront être cherchées les bases de la bonne assiette commerciale et industrielle d'une nation.

Différents modes pour l'exploitation des chemins italiens ont été proposés.

Une grande enquête a été ordonnée. Les hommes les plus considérables de l'Italie ont été appelés à déposer.

Deux formules identiques ont été énoncées par M. Peruzzi, ancien ministre des travaux publics et directeur des chemins de fer, et par M. Morandini, président du conseil d'administration du chemin de fer de la haute Italie.

Ces deux formules, étant l'expression de la vérité, ont ici leur place :

« L'Etat n'a jamais fait aucune innovation dans le service public à l'extérieur ;

» L'Etat est fatalement appelé à compliquer le service administratif intérieur. »

Il faut ajouter que les économistes italiens : députés, sénateurs ou journalistes, redoutent l'intervention directe de l'Etat.

Ils basent leur crainte sur ce fait, qu'en raison de son irresponsabilité, rien n'empêcherait le gouvernement d'élever le prix des tarifs, en invoquant les cas de force majeure.

Un arrêté ministériel ou un décret suffirait pour cette mesure.

Où se trouverait le juge pondérateur ayant le droit et le pouvoir d'empêcher une aussi grande hérésie financière, puisque le gouvernement abandonnerait son vrai rôle, celui de protecteur légal du *faible contre le fort, du pauvre contre le riche,* pour prendre forcément celui d'un tenancier condamné à faire rendre le plus possible à sa propriété?

M. Lebaudy est un esprit éclectique ; il semble ne conseiller qu'à regret le rachat intégral et l'exploitation par d'autres que par les Compagnies actuelles.

Il cherche à justifier l'exploitation directe par l'Etat, à l'aide de tableaux où sont inscrits les rendements des Chemins de l'Etat parallèlement à ceux des Compagnies.

Sans être partisan exagéré de cette solution, elle ne lui déplairait pas trop, car elle faciliterait, à lui et à ses amis, le moyen de caser 200,000 clients politiques.....

Quelle place on ferait ainsi aux accidents de chemin de fer !

M. Lebaudy n'a voulu être en reste avec aucun des détracteurs des grandes Compagnies.

Il affirme dans son rapport que c'est à leurs exigences et à leurs refus obstinés de venir en aide à la clientèle française par le remaniement des tarifs, que les grandes Compagnies, et notamment l'Orléans, mis en vedette pour être sacrifié, doivent la campagne du rachat.

Singulière situation que celle des hommes de parti pris. Ils ne veulent pas admettre, ils repoussent les renseignements faisant échec à leurs décisions. Cela résulte des faits suivants :

M. Lebaudy n'a déposé son rapport à la Chambre des députés que le 7 mai 1880. Rien ne l'empêchait de se faire adresser le rapport de la Compagnie d'Orléans, sur l'exercice 1879, lu à l'assemblée des actionnaires le 27 mars 1880. Il y aurait lu les deux lettres adressées à M. le ministre des travaux publics, en novembre et en décembre 1879, dans lesquelles la Compagnie se mettait à sa disposition en protestant avec énergie contre les accusations de favoriser les trafics venus de l'étranger, au détriment des expéditions françaises.

Cette ignorance des renseignements se trouve aussi chez ses deux collègues rapporteurs et chez les principaux membres de la commission, qui compte néanmoins dans son sein des hommes d'affaires.

Les uns et les autres n'ont su résister à leur parti pris de déclarer quand même la forfaiture de la Compagnie d'Orléans, à l'endroit des tarifs internationaux.

M. Allain-Targé, vice-président de la commission, portait le 16 février dernier, à la tribune de la Chambre des députés, cette même accusation contre l'Orléans, la blâmant de favoriser les marchandises étrangères au détriment des trafics nationaux.

MM. Allain-Targé, Lebaudy et Baïhaut ont commis, tous les trois, la même faute : ils ont oublié de se renseigner. Cet oubli est d'autant moins excusable de leur part, qu'ils ne pouvaient ignorer les sources officielles d'information. Ils n'avaient qu'à demander au ministère des travaux publics les dossiers de la Compagnie d'Orléans, et à la Compagnie elle-même son rapport sur l'exercice de 1879. Ces documents n'auraient pu leur être refusés. Ils en auraient pris connaissance, et les conclusions des rapports et du discours du 16 février eussent été sensiblement modifiés.

Par le rachat intégral de l'Orléans, la créance de l'Etat, (217 millions sur cette Compagnie) serait absorbée dans le prix de son matériel roulant.

Ainsi disparaîtrait, en un trait de plume, un actif considérable de la trésorerie, pour être remplacé par l'inconnu, car ce serait réellement l'inconnu que l'application des systèmes de tâtonnements et d'essais préconisés et par M. Baïhaut et par M. Lebaudy.

La dette de 217 millions de la Compagnie d'Orléans provient des sommes successivement et annuellement payées, conformément à la garantie d'intérêt de 4 65 0/0 accordée par l'Etat aux nouveaux réseaux.

Les divers tronçons dont se chargeaient les grandes Compagnies étaient discutés par elles ; leur tracé n'était pas livré au hasard, ni aux fantaisies de spéculateurs imprévoyants ; ils correspondaient à des besoins réels. Aussi le chiffre annuel imposé à la garantie de l'Etat s'en amoindrit à chaque exercice.

La garantie d'intérêt accordée aux nouveaux réseaux afférents aux quatre Compagnies contractantes, l'Orléans, l'Ouest, l'Est et le Midi, est l'une des meilleures opérations financières de la trésorerie française.

Les nouveaux réseaux accordés, ou même pour la plupart imposés par l'Etat aux grandes Compagnies, étaient le début de détestables affaires en tant que rendement.

Tout était à créer et à organiser. Le trafic local n'existait que dans des portions infinitésimales, mais si peu qu'il donnât au parcours kilométrique des nouveaux réseaux, il devenait un affluent de réelle importance sur les grandes artères, qui elles, à leur tour, mais lentement venaient en aide aux nouveaux réseaux, en leur adressant les marchandises de toutes sortes, nécessaires à ses riverains.

Pendant les premières années, les recettes des nouveaux réseaux suffisaient à peine aux frais d'exploitation, tandis que ce qu'elles déversaient donnait le plein aux grandes lignes.

Afin d'arriver à rendre possible le remboursement des sommes avancées par la garantie de l'Etat, les voies ferrées de chacune des quatre Compagnies signataires furent classées en ancien et nouveau réseau.

Les recettes de l'ancien réseau devaient faire face à l'intérêt et à l'amortissement des obligations de l'ancien réseau, et au dividende des actionnaires. Elles furent discutées contradictoirement entre l'Etat et chacune des Compagnies, et arrêtées aux environs de leur rendement au moment de la création des nouvelles lignes, c'est ce qui a été désigné sous le nom de revenu *réservé*, et non pas revenu garanti, comme cela a été dit quelquefois.

L'excédent des recettes, après le chiffre fixé pour le revenu réservé, devait venir et est venu en aide à l'exploitation des nouveaux réseaux et diminuer d'autant le chiffre de la garantie de l'Etat.

C'est en vertu de ce mécanisme que, dans très peu d'années, cette garantie n'imposera plus de déboursés et qu'il fera rentrer dans les caisses de l'Etat les sommes considérables dont il est créancier. Mais pas créancier gratuit, puisqu'il grève son prêt de 4 0/0 d'intérêt annuel.

Suivant toutes prévisions, le gouvernement est aujourd'hui créancier des quatre Compagnies de plus de 700 millions. Tel est, en réalité, le déboursé, en quatorze années, de la trésorerie française.

Au moyen de cette avance pour le service des intérêts et de l'amortissement, les nouveaux réseaux, ayant un parcours kilométrique de beaucoup supérieur à celui des anciens réseaux, ont été construits sans surcharger le marché financier de Paris et de la province, parce que le public a confiance dans les grandes Compagnies et qu'il sait que les obligations offertes à son épargne ne reçoivent pas d'autre destination que celle des travaux sévèrement discutés et solidement établis.

Peut-on savoir ce que seraient devenues les nouvelles lignes ferrées à construire depuis la dernière guerre, si le gouvernement avait éloigné toutes les Compagnies pour être, lui, seul maître, seul exploitant?

Cette garantie de l'Etat a donné lieu à des appréciations erronées.

D'après les uns, les sommes payées par le gouvernement devaient être considérées comme une nouvelle subvention au bénéfice des quatre grandes Compagnies.

D'après les autres, les avances faites par l'Etat ne pourraient lui être jamais remboursées.

Aux yeux du plus grand nombre, les déboursés de l'Etat, à propos de sa garantie, étaient considérés comme un principe exorbitant. Il eût été du devoir de la commission d'établir les faits conformes à la vérité.

Les chambres de commerce de nos centres industriels et commerçants qui en sont les tuteurs vigilants, officiellement accrédités, ont été émues de tous ces projets d'innovations et de rénovations, elles ont protesté avec l'autorité attachée aux hommes considérables qui font partie des chambres de commerce.

Elles ont demandé ce que nous demandons, que l'Etat ne sorte pas de son rôle, celui de surveillant impartial écartant les demandes injustes et irréalisables et faisant accepter par les Compagnies les améliorations réalisables dans l'application des tarifs.

En intervenant directement comme il l'a fait dans l'achat des lignes en détresse, l'État a présenté de moins bonnes conditions aux créanciers de ces lignes que n'en avaient obtenu, en dehors de l'État, les créanciers du chemin de Béziers à Graissessac, racheté par la Compagnie du Midi.

Dans tous les projets de nouvelles voies ferrées, l'intérêt du commerce, de l'industrie, de l'agriculture et de l'État lui-même serait de faciliter la création de nouvelles Compagnies dont l'État surveillerait, avec la plus grande sévérité, l'organisation.

Sans doute il devrait accorder à ces nouveaux réseaux la garantie d'intérêt octroyée aux anciens nouveaux réseaux ; cela lui serait moins onéreux que d'intervenir directement en créant des titres spéciaux.

La garantie d'intérêt de l'État est loin d'être onéreuse pour lui. Les sommes déboursées annuellement sont relativement minimes, et suivent une progression descendante; l'expérience en est déjà faite et tout prouve qu'après vingt années d'exploitation les Compagnies débitrices peuvent commencer leurs remboursements.

Cette garantie d'intérêt aurait l'avantage d'éviter à la trésorerie française d'être débiteur direct; elle aurait dans l'avenir un avantage bien plus considérable, celui que ses créances sur les Compagnies débitrices lui permettraient ou de racheter partie de sa dette consolidée ou de la rembourser, ou d'alléger les impôts; ce serait, dans tous les cas, une réserve considérable dans le bilan de la trésorerie.

Les projets de rachat ont causé des agitations inutiles, stériles et préjudiciables en ce qu'elles ont même retardé l'amélioration des tarifs.

Les Compagnies n'osent et ne peuvent rien faire jusqu'à ce qu'elles soient délivrées de l'incertitude qui pèse sur elles.

Dans la dernière assemblée générale des actionnaires de la Compagnie du chemin de fer du Nord, M. le baron Alphonse de Rothschild a défini avec l'autorité de son nom et de son expérience, l'immense préjudice causé aux affaires par l'incertitude des résolutions du gouvernement.

Il termine ainsi son allocution aux actionnaires :

« Ce que nous demandons en présence de la responsabilité » qui pèse sur nous, ce que nous avons le droit, je dirai même

» le devoir de demander, c'est qu'on nous rende la sécurité qui
» nous est indispensable afin de réaliser les améliorations que
» comporte ce service public, sécurité qui, d'ailleurs, est indis-
» pensable à toute grande industrie ; souhaitons, Messieurs,
» que ce désir si légitime de notre part, si conforme aux grands
» intérêts du pays, reçoive prochainement satisfaction. »

On n'a le droit de détruire ou de changer ce qui existe que
lorsqu'on est sûr de pouvoir le remplacer par quelque chose
de mieux.

MM. les membres de la commission et ses rapporteurs
auraient dû se souvenir de cet axiome, ils auraient dû s'en
tenir au mandat que leur avait donné la Chambre, ou du moins
n'élargir leur cadre que pour proposer des améliorations.

PARIS. — IMPRIMERIE. DUBUISSON ET Cⁱᵉ, RUE COQ-HÉRON, 5.

www.ingramcontent.com/pod-product-compliance
Ingram Content Group UK Ltd.
Pitfield, Milton Keynes, MK11 3LW, UK
UKHW021044120726
13693UKWH00006B/2420